L'EMPRUNT

DES

TROIS MILLIARDS

LE

DROIT FISCAL SUR LES SUCCESSIONS

ET

L'IMPOT SUR LES REVENUS

PAR M. VRAYE

Notaire à Compiègne, Président de la Chambre des Notaires.

COMPIÈGNE

CHEZ TOUS LES LIBRAIRES

PARIS

COSSE, MARCHAL ET Cⁱᵒ, LIBRAIRES - ÉDITEURS

27, PLACE DAUPHINE, 27

1872

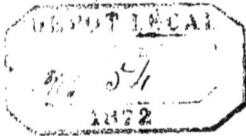

L'EMPRUNT DES TROIS MILLIARDS

ET

L'IMPOT SUR LES REVENUS

COMPIÈGNE. — IMPRIMERIE FERDINAND VALLIEZ

L'EMPRUNT

DES

TROIS MILLIARDS

LE

DROIT FISCAL SUR LES SUCCESSIONS

ET

L'IMPOT SUR LES REVENUS

PAR M. VRAYE

Notaire à Compiègne, Président de la Chambre des Notaires.

———～◦⌇◦～———

COMPIÈGNE

CHEZ TOUS LES LIBRAIRES

PARIS

COSSE, MARCHAL ET Cⁱᵉ, LIBRAIRES - ÉDITEURS

27, PLACE DAUPHINE, 27

—

1872

L'EMPRUNT

DES

TROIS MILLIARDS

ET

L'IMPOT SUR LES REVENUS

I

Trois milliards restent à payer à l'Allemagne sur l'indemnité de guerre, et deux ans à peine nous séparent du terme final de la libération.

Soupçonner la France de ne pouvoir s'acquitter dans ce délai, pourtant relativement si court, ce serait calomnier son crédit, sa puissante épargne accumulée, ses ressources incomparables encore malgré ses revers ; ce serait offenser son patriotisme.

Il semble vraiment, à entendre les alarmistes vrais ou faux, que ce soit la première fois, dans le cours de son histoire, que la France se trouve aux prises avec des nécessités sociales, politiques ét financières !

La France a traversé des épreuves bien autrement douloureuses et terribles que celle qui préoccupe en ce moment tous les esprits.

L'histoire des derniers siècles abonde en enseignements sur ce sujet. Recherchons-y par comparaison quelques exemples :

Sommes-nous au début du quinzième siècle, à cette époque... « où la noblesse se réunit sous l'étendard royal aux redoutables bandes de brigands, de compagnons d'aventures, qui forment comme une caste de barbares errante à travers la société ; où la haute bourgeoisie est décimée, ruinée, et le peuple écrasé sous une misère sans nom ; où les forces du pouvoir central sont détournées au profit d'une oligarchie dévorante et insensée ; le progrès national violemment arrêté ; l'exemple de tous les vices, de toutes les folies, de tous les crimes, offert au peuple du haut des degrés du trône ; toutes les mauvaises passions, tous les penchants brutaux et sanguinaires excités par les pouvoirs institués pour les réprimer ? » (1) ... Sommes-nous en ce temps d'un roi en démence furieuse, et d'une régente dissolue, parjure, livrant la France à l'Anglais, qui s'empare de Paris et l'occupe pendant quinze années ?

Sommes-nous, deux siècles plus tard, au milieu de ces implacables guerres de religion, de leurs férocités, de leurs massacres, de leur misère inouïe ; de ces guerres fratricides que suspend à peine la mort de Henri III, la fin de la branche dynastique des Valois, de ces princes pervers et détestables dont le règne n'a été qu'une longue suite de calamités ?

Sommes-nous au milieu du dix-septième siècle, sous le long règne, en ces temps de détresse profonde où un grand magistrat pouvait, avec vérité, adresser au roi ces courageuses paroles : « Toutes les provinces sont épuisées... Il y a des provinces entières où l'on ne se nourrit que d'un peu de pain d'avoine et de son... On a mis imposition et fait des levées sur toutes choses qu'on s'est pu imaginer ; il ne reste plus à vos sujets que leurs

_____

(1) *Hist. de France*, par M. HENRI MARTIN, t. 5, p. 394.

âmes, lesquelles, si elles eussent été vénales, il y a longtemps qu'on les aurait mises à l'encan. (1)... En ce temps où Massillon, évêque de Clermont en Auvergne, écrivait à un ministre : « Le peuple de nos campagnes vit dans une affreuse misère, sans lit, sans meubles ; la plupart mangent du pain d'orge et d'avoine, qui fait leur unique nourriture. »... Où le duc de Lesdiguières, gouverneur du Dauphiné, écrivait à Colbert : « La plus grande partie des habitants des campagnes n'ont, pendant l'hiver, que du pain de gland et des racines, et présentement (on était au mois de mai) on les voit manger l'herbe des prés et l'écorce des arbres. »... Où La Bruyère traçait des paysans français ce portrait : « Ces hommes n'ayant d'humain que l'apparence, se retirant la nuit dans des tanières, où ils vivent de pain noir, de racines et d'eau. »... (2). Et cinquante ans plus tard, à la fin du même règne, quand la France épuisée de soldats, épuisée d'argent, accablée par une suite de désastres militaires, envahie par l'étranger, est miraculeusement sauvée à la journée de Denain ?

Que les braves habitants des campagnes méditent ces lignes et comparent les progrès arrachés sous l'ancienne monarchie à ceux accomplis depuis notre première révolution ; qu'ils se demandent quelles institutions les ont délivrés des étreintes féodales et des exactions des publicains royaux et seigneuriaux ; ont fait d'eux des citoyens, de sujets taillables et corvéables à merci qu'ils étaient auparavant ; les ont rendus propriétaires et leur ont donné, avec l'égalité, l'indépendance. Qu'ils ferment l'oreille aux insinuations des hommes de parti, de ceux qui dans leur haine aveugle pour des institutions qu'ils nomment « grandes inutilités, » sont prêts à retourner en arrière jusqu'au temps de misère et de servitude de l'ancien régime !

(1) Discours de l'avocat-général Omer Tallon, prononcé au lit de justice tenu à Versailles le 15 janvier 1648. *Collect. des anciennes lois françaises.* (Isambert), t. 17, p. 66.

(2) *Statistique de la France.* (officielle), 1862. Agricult. p. 7.

Sommes-nous, enfin, à l'approche de 1789, au seuil de cette grande époque où la royauté, qui était tout, au milieu de ses castes privilégiées, de leurs abus et de leurs vices, lègue à la nation, qui n'était rien, une situation financière écrasante, sans issue, fruit de longs siècles de corruption, de dilapidations et de désordres ?

Est-ce qu'il y a, dans notre époque, rien de comparable à celle d'aucune de ces crises ?

Personne n'oserait l'affirmer.

Eh bien ! toutes ces crises, à côté desquelles celle actuelle n'est qu'un atôme ; ces crises dont la moindre pouvait à son début sembler le présage d'une dissolution sociale, la France les a surmontées, la dernière en prenant elle-même la direction de ses propres destinées et en inaugurant un droit public nouveau, au sommet duquel elle a placé des institutions où l'humanité a retrouvé sa voie, où chaque nation en progrès n'a depuis cessé de choisir des exemples.

Et ces institutions, la France les a fondées malgré les résistances et les trahisons de ses princes, les soulèvements et les efforts désespérés des castes dont elles détruisaient les priviléges iniques, malgré dix années de guerre civile et vingt-cinq années de guerre étrangère. Elles ont prévalu, et l'immensité du progrès accompli sous leur égide en atteste aujourd'hui la justice autant que la puissance.

Une nation capable de si prodigieux efforts n'est pas de celles que peuvent subitement abattre les revers ou affoler une rançon de quelques milliards. Calme et recueillie, une telle nation — et c'est la vieille France — sait supporter le malheur et subir le sort sans défaillance : elle reste digne d'elle-même. Patiente, sage et ferme, elle accueillera l'heure propice, je ne dirai pas de la revanche, — il ne faut pas imiter d'odieuses actions après les avoir justement flétries — mais de la restitution de ses popula-

tions et de son territoire. Cette heure sonnera. Elle sera pour la
génération présente l'heure de la réparation, accomplie sans
nouvelle effusion de sang par l'entente des nations intéressées.

Pour cela, un miracle n'est pas nécessaire. En politique, les
complications sont les suites inséparables des mauvaises conduites
et ont souvent pour résultat les solutions les plus inattendues.
La conduite implacable de la Prusse dans la question de territoire produira contre elle ces complications. Une solution
par la restitution, ardemment désirée par les amis de
l'humanité, n'est pas au-dessous de la sagesse et de la clair-
voyance du peuple germanique. Et peut-être dans cette question de territoire, la plus grave de toutes, la France, aidée
d'un côté par les vœux persévérants d'une population violemment
séparée du sein de la patrie, de l'autre par la force morale
considérable toujours acquise à l'équité dans le cœur des masses,
sera-t-elle dispensée par l'Allemagne elle-même d'invoquer un
jour la réparation légitime due au droit contre l'abus de la force,
à la justice contre la spoliation.

II

La France ne troublera pas la paix pour une question d'argent.
Elle peut s'acquitter et s'acquittera. Comme preuve première,
il suffit de se reporter, par comparaison avec la situation actuelle,
aux résultats financiers des invasions de 1814 et 1815.

A ces autres époques néfastes de notre histoire, la France,
foulée durant plusieurs mois par des hordes étrangères accourues
de tous les points de l'Europe, au nombre de plus de douze
cent mille soldats, dût pourvoir à leur entretien. Cent-cinquante
mille restèrent à sa solde, dans ses places fortes du Nord et de
l'Est, jusqu'au 1er août 1817, et cent-vingt mille de cette dernière
époque au 30 novembre 1818. De plus, les traités lui im-
posèrent une contribution de guerre de 700 millions, et

l'obligation de satisfaire à des réclamations plus ou moins légitimes, d'un chiffre d'environ 500 millions. Au total, les charges financières de l'invasion de 1815, envers l'étranger, s'élevèrent à deux milliards. C'était une charge énorme pour l'époque ! Cependant, au bout de trois années, la France s'en était libérée, par les ressources d'emprunts onéreux et non amortis, il est vrai, mais couverts par de nouveaux impôts acquittés sans effort ; et les ressources du pays, loin d'être taries, restaient encore si considérables que, lors du dernier emprunt pour la délivrance du territoire, proposé en 1818 sous la forme d'une souscription nationale, les offres s'élevèrent, en deux semaines, à sept fois le capital sollicité.

Deux milliards en 1815, cinq milliards en 1871, — mettons six milliards à cause des intérêts et de l'entretien d'un corps d'occupation de 50,000 hommes et 18,000 chevaux dans les départements de l'Est — différence, quatre milliards, les dépenses de guerre du côté de la France non comptées, étant supportées par elle en dehors des traités à l'une et à l'autre époque.

Quatre milliards ! La seule guerre de Crimée les a dévorés sous le second empire, sans que les finances du pays se soient trouvées en danger ; elle les a dévorés, et avec eux — perte bien autrement regrettable ! — un nombre d'hommes si considérable, qu'elle a fait reculer le chiffre absolu de la population française, et mis à nu l'horreur de ces guerres funestes, jeux de princes, dont l'humanité fait les frais souvent sans en connaître la véritable cause (1).

(1) La campagne de Crimée date de 1854 et 1855. Dans ces deux années, le nombre des décès, en France, a surpassé celui des naissances de 106,592. Le nombre des décès des mêmes années, comparé à celui des années 1853 et 1856, qui ont précédé et suivi la guerre, offre un excédant de 296,394, lamentable hécatombe de la guerre et de l'épidémie cholérique. Aucun résultat statistique intervertissant le rôle d'accroissement de la population ne s'est produit, malgré l'état permanent de guerre, ni sous la première république, ni sous le premier empire. Pour en trouver un exemple, il faut remonter à l'année 1783, où l'excédant des décès sur les naissances s'est élevé — chiffre minime du reste — à 4,264. — V. *L'Agriculture et la Propriété foncière*, etc., par l'auteur, p. 27 (1870). Cosse et Marchal, à Paris.

Est-ce qu'aujourd'hui la France n'est pas plus en situation de supporter une dette nouvelle de six milliards, qu'elle ne l'était en 1815, après vingt ans de guerre, trois années de désastres et deux invasions successives, de supporter une augmentation de dette de deux milliards ?

Il n'est pas besoin de recourir aux lumières des économistes pour résoudre cette question : le bon sens y suffit.

D'autres exemples sont offerts par des nations étrangères :

L'Angleterre en 1815, à la suite de sa lutte contre le premier empire, se trouvait sous le poids d'une dette considérable, dont l'intérêt, réparti sur ses 18 millions d'habitants, constituait par tête une charge de 43 fr. Cependant, les finances anglaises n'en furent nullement troublées. Administrées par des hommes d'une rare expérience pratique, portés par cette expérience même et par leurs études économiques aux réformes et aux transformations productives d'impôts indiquées par l'équité autant que par l'intérêt des contribuables, leur poids ne fit obstacle ni aux économies, ni aux diminutions des budgets anglais. Dans le même temps, la France, avec des finances moins chargées et une situation aussi prospère, augmentait les siens, grâce à une administration routinière, aussi rebelle aux innovations que favorable aux sinécures et à la dépense improductive. La dette française, en intérêt comme en capital, égale à peu près la dette anglaise de 1815, mais l'intérêt réparti sur les 37 millions d'habitants qui restent à la France, distraction faite de l'Alsace et d'une partie de la Lorraine, se réduit à une charge de 22 fr. par tête. C'est aujourd'hui, pour la France, moitié moins que pour l'Angleterre en 1815. Et quelle différence entre les ressources des deux époques ! Sous ce rapport, il y a un double avantage pour les finances françaises, désormais conduites avec prudence et sagement administrées ; il y a une nouvelle preuve qu'elles satisferont aux engagements du pays.

Et les Etats-Unis ! Leur guerre de sécession leur a coûté plus de 15 milliards, qu'ils se sont procurés en majeure partie contre des bons remboursables à court terme. Pour en accélérer l'amortissement, ils y consacrent chaque année 500 millions, obtenus par de larges impôts sur toutes choses, et aujourd'hui, après cinq années écoulées depuis la guerre, ils ont diminué leur dette et amélioré leur crédit, au point qu'il peuvent faire remise d'une partie des impôts et trouvent à emprunter à des conditions moins onéreuses qu'auparavant.

D'un autre côté, il est à remarquer que, dans le dernier emprunt, les capitaux français n'ont pas seuls et largement répondu à l'appel. Les pays voisins ont aussi souscrit et apporté le large concours de leurs capitaux disponibles. Le crédit de la France n'a pas souffert. L'exigence d'un intérêt plus élevé que par le passé provient des besoins immédiats et de l'importance considérable des emprunts ; mais ce crédit n'en trouve pas moins tout ce qu'il sollicite, et la confiance en la solvabilité de la France est toujours intacte. « Le crédit de la France est resté si grand, — a dit M. Thiers, à l'Assemblée nationale siégeant à Bordeaux, le 10 mars 1871 — que toute l'Europe lui offre en ce moment l'argent dont elle peut avoir besoin. »

En résumé, malgré les milliards à payer à l'Allemagne, la situation financière n'a rien d'alarmant pour les esprits attentifs et sérieux. Quant aux autres, qu'ils bannissent leurs alarmes et se rassurent : la France, il faut le répéter, est en mesure de s'acquitter par ses propres ressources et par son crédit, et elle s'acquittera.

A deux conditions, qu'il est utile de préciser :

La première, c'est que les questions politiques cessent d'agiter et de troubler le pays ; qu'elles fassent trêve, pour se confondre dans le seul but aujourd'hui véritablement patriotique : la libération de la dette et avec elle la délivrance du territoire.

La deuxième, que l'Assemblée nationale et le Gouvernement écartent sans pitié les projets financiers empiriques et la vieille routine des emprunts sur le Grand-Livre ; qu'ils proposent au

public la combinaison la plus simple et la plus rationnelle, celle
qui consiste, après avoir emprunté, à rembourser la même somme, à éteindre la dette en capital et intérêts par l'amortissement
dans un délai déterminé.

Il serait hors de propos de s'arrêter ici, pour en faire le sujet
d'une discussion prématurée, sur la première de ces deux conditions. Ce travail doit conserver son caractère purement écono-
mique et financier. Les questions politiques ne sauraient y
trouver une place opportune, en face du salut du pays, lié à
l'exécution des engagements financiers souscrits envers l'Allemagne. La circonspection et le calme n'ont jamais été davantage
en rapport avec l'intérêt public. Les convictions sincères n'auront
pas à regretter un ajournement que le patriotisme leur impose.
Elles n'abdiquent pas; elles suspendent leur action légitime, pour
la reprendre et se confondre ensuite dans le sentiment de la
volonté nationale, le jour où, maîtresse d'elle-même, la France
se prononcera librement sur la forme de gouvernement qui convient le mieux à ses destinées. Pour nous qui, avec une suprême
bonne foi et un amour profond du pays, croyons qu'en l'état des
partis monarchiques en France, la monarchie, incompatible
d'ailleurs avec le suffrage universel, n'y serait désormais qu'une
intrigue, qu'un retour à l'abaissement des consciences et des
caractères, un obstacle aux réformes et aux économies nécessaires, une cause incessante de troubles intérieurs, nous attendrons
avec respect le verdict national. C'est notre confiance qu'il pro-
clamera la forme républicaine, dotée d'institutions en rapport
avec les lumières, l'expérience et les aspirations de l'époque ;
d'institutions et de lois inspirées par la conscience du droit et
la soif de justice distributive dont le pays est animé ; propres à
décourager les résistances intéressées des uns, les tendances
démagogiques des autres, à rallier, sans rien exiger de leur
dignité, toutes les convictions honnêtes sur le terrain de la con-
corde et des véritables principes ; d'institutions telles, enfin, que
cette forme de gouvernement, qui se confond en ce moment
avec le salut de la patrie, devienne aussitôt la boussole des

nations en souffrance, appelées à se régénérer par la liberté, et à créer des finances prospères par l'ordre et l'économie.

Arrivons donc sans transition à l'examen de la question dominante de ce travail, celle relative au mode et à l'amortissement de l'emprunt nécessaire pour compléter la libération de la France, et délivrer son territoire de l'humiliation de l'occupation étrangère.

III

Le système d'emprunt en rentes perpétuelles a été dans tous les temps onéreux pour les finances publiques. C'est le système des gouvernements obérés, qui empruntent sans possibilité d'amortir, ou des gouvernements enclins à la dépense, pour lesquels l'amortissement n'est qu'une vaine promesse qu'on peut bien inscrire sur le papier, mais sans la réaliser dans les faits. C'était le système de l'ancienne monarchie, au temps des finances en détresse et de la permanence des déficits accumulant les anticipations ; c'est enfin le système que la routine nous a transmis, aidée en cela par l'influence prépondérante de ceux qui en profitent.

Aussi est-il condamné par les meilleurs économistes, et abandonné par les gouvernements en possession d'une bonne situation financière.

L'Angleterre l'a depuis longtemps répudié. Lors de la guerre de Crimée, elle a fait face à une partie de ses besoins par l'impôt et pourvu à l'autre par des obligations remboursables à terme. Aujourd'hui, ces obligations sont amorties et la dette anglaise est moindre qu'avant cette guerre qui lui a coûté, comme elle a coûté à la France, plusieurs milliards, avec cette différence que celle-ci les doit toujours, tandis que celle-là s'en est déchargée, grâce au système moderne d'emprunt et d'amortissement qu'elle a adopté.

Les inconvénients et les défauts des rentes perpétuelles dans les emprunts d'Etat se démontrent d'eux-mêmes :

En effet, quand l'Etat emprunte, le cours de la rente s'abaisse et par comparaison la rente elle-même s'élève, sous l'influence des besoins du trésor : Dans ce cas, c'est le capital qui est demandé et la rente offerte.

Quand, au contraire, le trésor est en mesure d'amortir par rachat de rente, le capital s'élève, tandis que comparativement la rente diminue, sous l'effet de l'emploi des capitaux destinés à l'amortissement, venant faire concurrence aux capitanx privés : Ici, c'est la rente que est sollicitée, tandis que le capital est offert.

De telle sorte que dans cette double opération d'émission et de rachat de rente, le trésor éprouve toujours un désavantage qui découle de l'opération accomplie par lui, et l'on pourrait ajouter, contre lui-même : S'il vend, c'est à bas prix, et s'il rachète, c'est à un prix supérieur.

Ce résultat n'est pas seulement onéreux, il a encore l'inconvénient de laisser indécise la date finale de l'amortissement, même dans l'hypothèse de l'emploi régulier d'une annuité plus ou moins variable pour cet objet ; car si le trésor, vendeur de rente au taux de 80 fr., par exemple, est obligé pour amortir de racheter à 85, 90 ou 95 fr., ou si le cours de la rente venant à dépasser le pair l'amortissement est suspendu, à quand la libération définitive ?

Il y a plus : Si, sous la pression d'un besoin financier urgent, la réserve est de nouveau consolidée et remise en circulation par un article en trois lignes d'une loi de finances, que devient l'amortissement ? Une lettre morte, comme il est arrivé à peu près constamment depuis 1830.

A la vérité, c'est peut-être dans ce dernier défaut qu'on pourrait trouver le motif secret de la préférence des divers gouvernements qui se sont succédé en France pour les emprunts en rente perpétuelle. Au lieu d'impôts nouveaux qui seraient pourtant facilement acceptés par le public, si on lui en donnait ęs raisons plausibles, il est si commode de lui faire illusion, en se servant de la réserve d'amortissement pour combler de nouveaux découverts, quitte à laisser intacte l'ancienne dette, qu'on est toujours tenté d'avoir recours à cette dangereuse ressource.

Voilà pourquoi, en France, la dette publique monte toujours, et ne cessera de monter tant qu'on n'aura pas fermé le Grand-Livre à un système suranné, condamné par l'expérience en Angleterre et aux Etats-Unis, et dont la pratique ne doit de survivre dans notre pays qu'à des craintes chimériques, habilement entretenues par les convoitises des concessionnaires d'emprunts.

En l'an X, une loi du 21 floréal avait réglé l'amortissement de la rente sur l'Etat : « Les cinq pour cent consolidés, porte l'article 9 de cette loi, ne peuvent, *dans aucun temps*, excéder cinquante millions ; et si par l'effet des consolidations restant à faire en conséquence des lois existantes, ou par des emprunts que la loi autoriserait, la dette se trouvait augmentée au-delà des cinquante millions, cette augmentation ne pourra être faite sans qu'il soit affecté un fonds d'amortissement suffisant pour amortir, au plus tard en *quinze ans*, l'excédant des cinquante millions. »

On sait par l'état actuel de la dette française comment cette loi, inspirée par une prévoyance financière digne d'être moins oubliée, a été exécutée dans le cours des soixante-dix années écoulées depuis sa date. Les cinquante millions sont aujourd'hui deux fois décuplés. La faute en est au système des emprunts sur émission de rente, tel qu'il n'a cessé de fonctionner jusqu'à nos jours. Qu'à sa place, et pour suivre les sages prescriptions de la loi de l'an X, ait été inauguré le mode d'emprunt sur obligations remboursables en quinze ans, il aurait suffi, étant admis un intérêt de 10 °/₀ (c'était le revenu de la rente, comparé au cours de son capital, en 1802), il aurait suffi, disons-nous, d'une annuité de 3 °/₀ du capital emprunté pour en opérer l'amortissement dans le délai prescrit. Trois millions pour un emprunt de 100 millions, c'est-à-dire une économie insignifiante à trouver dans quelque coin du budget ; treize millions d'annuité au lieu de 10 millions, et l'emprunt disparaissait en 15 ans !

S'imagine-t-on à quelle puissance se seraient élevées, conduites avec cette sagesse, les finances d'un pays comme la France, où l'épargne est si abondante, où elle joue un rôle si prononcé dans le taux de l'intérêt et dans les transactions ? Le crédit de l'Etat s'en serait trouvé amélioré par l'abaissement successif du taux de l'intérêt, et avec lui les crédits dont il est le remorqueur, ceux qui, selon qu'ils se resserrent ou s'élargissent, sont la cause du ralentissement ou de l'activité des entreprises industrielles et commerciales ; car « c'est l'abondance des capitaux qui anime toutes les entreprises, dit Turgot, et le bas intérêt de l'argent est, tout à la fois, l'effet et l'indice de l'abondance des capitaux. »

L'amortissement de la dette publique sur une large échelle est la condition indispensable de l'abaissement de l'intérêt par l'abondance des capitaux ; mais cette condition — le passé l'a prouvé — est antipathique à l'emprunt en rente perpétuelle ; elle est au contraire de l'essence de l'emprunt en obligations remboursables. Un Etat qui se libère améliore son crédit et s'attire aussitôt l'offre de capitaux à intérêt diminué. Si, par un coup de baguette malheureusement impossible, la dette française se trouvait subitement réduite de moitié, il y aurait aussitôt surabondance d'offres à 4 ou 4 1/2 comme avant la guerre.

Ce résultat se produira de nouveau, non pas avec l'amortissement facultatif des rentes perpétuelles, mais avec l'amortissement forcé des obligations à terme. Il se produira progressivement, sous la double influence de la diminution de la dette et de la concurrence exercée par les capitaux remboursés et en quête de nouvel emploi. Il suffirait à coup sûr de l'exercice régulier de ce système durant un certain nombre d'années, pour élever le cours de la rente française au niveau, fort rapproché du pair, du 3 % anglais.

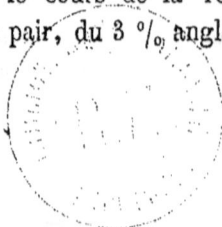

A tous ces points de vue, il est à regretter qu'à l'occasion du dernier emprunt l'Assemblée nationale ne se soit pas départie des vieux errements, en les remplaçant par des obligations à terme. Nous l'avions demandé dans une brochure contemporaine de cet emprunt (1). L'empressement du public permet d'affirmer que le gouvernement eût obtenu les deux milliards au pair, ce qui eut allégé de 20 millions les charges du Trésor et évité la dépréciation sensible exercée sur les autres valeurs par l'intérêt de l'emprunt, élevé à 6 %; mais une crainte, dont on ne saurait blâmer le gouvernement en face des circonstances douloureuses où il se trouvait placé, l'a retenu : la crainte de l'insuccès ; et cependant le système de l'emprunt sur obligations à terme fonctionne depuis longtemps avec une merveilleuse facilité dans les emprunts de chemins de fer, et surtout à propos des obligations émises par la Société du Crédit Foncier de France, en représentation de ses prêts hypothécaires et de ses prêts communaux. La circulation de ces obligations s'élève aujourd'hui à plus de 1,200 millions, et la majeure partie, souscrites au pair, ne sont pas négociables à la Bourse. Elles étaient si recherchées avant la guerre, que la Société du Crédit Foncier, ouvrant ses guichets à leur souscription, ne tardait pas à les fermer à une avalanche inouïe de capitaux. Elles constituent des placements sérieux, qui ont pénétré dans toutes les couches sociales, car le nombre est grand de pères de familles, rentiers, propriétaires, artisans, éloignés des combinaisons de gain plus ou moins hypothétiques, jaloux de la conservation de leur épargne et ne demandant, après le service régulier de l'intérêt, que de recouvrer lors du remboursement la même somme que celle déboursée en souscrivant, et d'être ainsi exonérés de l'inquiétude des fluctuations de Bourse. Le nombre en est grand, disons-nous, et l'on peut en juger par l'importance de leurs capitaux qui, à ne considérer que les créances hypothécaires, n'est pas moindre de six à sept milliards. Il y a là une clientèle considérable par la valeur et par le nombre,

---

(1) *Les Milliards de l'indemnité de guerre et les moyens de les payer.* Paris, 1871, Cosse et Marchal, éditeurs.

que le Trésor a intérêt à s'approprier dans les emprunts qui lui sont encore nécessaires.

L'emprunt sur obligations à court terme amortissables chaque année par voie de tirage au sort, telle est donc la meilleure de toutes les combinaisons. Les autres doivent être rejetées, et parmi celles-ci on doit comprendre non-seulement les projets chimériques d'emprunts sans intérêts, mais aussi ceux d'emprunts avec lots, emprunts ressuscités de l'ancienne loterie, non plus qu'elle exempts de ruines — l'emprunt mexicain l'a surabondamment prouvé — et rejetés de la cote officielle par un certain nombre de Bourses étrangères, notamment, si notre mémoire est fidèle, par les Bourses de Londres et de Berlin.

L'emprunt réduit à la forme simple d'un engagement de rendre dans un délai déterminé la même somme que celle souscrite et versée, offre une combinaison dont l'avantage est commun au créancier et au débiteur, combinaison qui aura d'autant plus pour elle les chances de réussite, que le terme de remboursement sera court et le taux de l'intérêt en rapport avec le revenu de la rente.

IV

L'emprunt nécessaire pour compléter la libération de la France envers l'Allemagne est de trois milliards.

La question de préférence entre la rente perpétuelle et l'obligation à terme résolue en faveur de celle-ci, il reste, au point de vue de la réalisation de l'emprunt, à choisir entre la concession à un syndicat de capitalistes et la voie de la souscription publique en France et à l'étranger, Or, c'est ce dernier mode qu'il convient d'adopter, avec confiance et sans hésitation.

Quinze cents millions seraient mis en souscription en 1872, et même somme en 1873.

Nul doute que la souscription ne soit largement couverte et

le gouvernement fortifié, dès les premières opérations, dans sa négociation pour l'évacuation immédiate du territoire.

L'emprunt serait représenté par des obligations — nommées *obligations vingtenaires* — de 5,000 fr., 1,000 fr., 500 fr. ou 100 fr., nominatives ou au porteur, remboursables par voie de tirage au sort dans le délai de 20 années, et productives d'intérêts au taux de (5,5 1/2 ou 6 %).

Une observation, reproduite de la brochure déjà citée (1) : « Les obligations ne pourraient-elles, à la demande du porteur, être émises ou remplacées sous la forme du billet de banque, avec compartiments au verso pour la constatation du paiement de l'intérêt ? Cette forme favoriserait singulièrement la circulation de titres qui ne tarderaient pas, aidés par leur production d'intérêts, à être acceptés comme numéraire dans les transactions. Il y a là une question à étudier, question toute matérielle, d'ailleurs, et qui ne paraît présenter aucune objection sérieuse. »

L'amortissement en intérêt et capital dans le délai de 20 ans, donnerait lieu à une annuité variable selon le taux de l'intérêt affecté aux obligations.

Si l'intérêt était de 5 %, l'annuité comprenant l'intérêt et l'amortissement serait de 240 millions ;

A l'intérêt de 5 1/2, l'annuité serait de 250 millions ;

Et à l'intérêt de 6 %, elle s'éleverait à 261 millions.

Pour couvrir cette annuité, deux ressources se présentent concurremment avec celles déjà votées par l'Assemblée nationale ; ce sont :

L'augmentation du droit fiscal sur les transmissions entrevifs à titre gratuit et les mutations par décès, celles en ligne directe exceptées ;

Et l'impôt sur les revenus.

(1) *Les Milliards de l'indemnité de guerre*, etc. p. 21.

Nous les examinerons successivement, au point de vue de l'équité et des intérêts du Trésor.

V

L'augmentation du tarif fiscal sur les transmissions entrevifs à titre gratuit et les mutations par décès a déja été proposée dans un précédent travail (1).

Remarquons tout d'abord qu'il ne s'agit ici que des dispositions et des mutations à titre gratuit entre époux, en ligne collatérale et entre personnes non parentes. Les transmissions gratuites et les sucessions en ligne directe restent donc hors de cause.

Les raisons qui ont été données de l'augmentation du droit fiscal en cette matière n'ont rien perdu de leur force. Elles ont leur source dans l'équité, la juste répartition des charges publiques, leur comparaison avec le droit perçu sur les transmissions à titre onéreux, par exemple, sur la vente.

Que la transmission ou la mutation ait le caractère gratuit ou onéreux, le droit fiscal est assis sur la valeur ; mais, relativement aux immeubles, la détermination de la valeur n'a pas lieu d'après un mode commun. Dans les mutations à titre gratuit, la valeur des immeubles est déterminée, par 20 fois leur revenu, plus l'impôt foncier ; dans les transmissions à titre onéreux, c'est la valeur vénale qui est la base du droit.

Il résulte de cette différence une étrange anomalie lorsqu'il s'agit d'immeubles ruraux (terres arables, prairies etc.), dont le revenu est généralement de 3 %. Leur transmission à titre onéreux, par vente ou par soulte d'échange, donne lieu à un droit fiscal plus élevé que leur transmission gratuite entre personnes non parentes.

Exemple :

Droit à percevoir sur la vente au prix de 10,000 fr. d'un

(1) *Les Milliards de l'indemnité de guerre, etc*, p. 44.

immeuble loué 300 fr., impôt foncier compris, à 5 fr. 50 %
plus deux décimes : 660 fr. ;

Droit à percevoir sur la transmission à titre gratuit du même
immeuble au profit d'une personne non parente du disposant, à
9 % et les décimes, sur la valeur formée par 20 fois le revenu :
648 fr.

Ainsi, l'on achète l'immeuble en question au prix du travail,
de la privation, de l'économie, et l'on doit au fisc un droit plus
élevé que si on l'obtient sans travail et sans charge, par donation
d'une personne dont on n'est le parent à aucun degré.

Par quelles raisons une telle contradiction, un tel renversement
des rôles peuvent-ils s'expliquer ?

Car, exprimer à ce sujet l'opinion que, hors le cas de la ligne
directe et de la modification relative aux dispositions en faveur de
mariage, le droit fiscal à titre gratuit doit être relativement plus
élevé — et de beaucoup — que celui à titre onéreux, c'est, à
coup sûr, être l'organe de l'opinion commune et se placer au
point de vue de la justice et de l'équité.

Si l'on tire la conséquence naturelle de ces réflexions, on reconnaîtra que le droit de transmission ou de mutation à titre
gratuit, tel qu'il existe aujourd'hui, est susceptible d'être suré-
levé de moitié, sinon du double, à l'état normal, permanent,
aussi bien que dans les circonstances exceptionnelles où les
surtaxes sont une nécessité.

Nous proposerions une augmentation de 50 % ; ce qui porte-
rait le tarif à 4 50 % entre époux, 9 75, 10 50, 12 % en ligne
collatérale, selon le degré de parenté, et 13 50 % entre personnes non parentes.

Une proposition identique, relative au droit fiscal en ligne directe, faite à l'Assemblée nationale par notre très honorable ami,
M. Sébert, Président de la Chambre des Notaires et député de
Paris, a été l'objet d'une vive opposition dans les bureaux de
l'Assemblée. Peu s'en est fallu qu'elle n'ait été qualifiée, par l'un

des députés présents, d'une expression dont on se sert volontiers aujourd'hui, dans l'indigence de bonnes raisons, à propos de certaines questions économiques, et qui, parait-il, dispense de tout autre argument ; mais ce genre d'objection n'a rien de sérieux ; il n'ébranlera pas la conviction de ceux qui pensent que la loi fiscale ne serait pas une *partageuse,* ne dépouillerait personne, et ne franchirait nullement les limites d'une rigoureuse justice distributive, en imposant sur l'actif d'une libéralité ou d'une succession de 100,000 fr., par exemple, un droit de 4,500 fr. entre époux, 9,750 fr., 10,500 fr., 12,000 fr. en ligne collatérale, selon le degré de parenté, et 13,500 fr. entre personnes non parentes, plus les deux décimes, alors surtout qu'à l'égard des immeubles le droit se réduit généralement de deux cinquièmes par le mode de formation de la valeur assujettie à l'impôt.

L'exemple d'une augmentation du droit fiscal en cette matière serait d'ailleurs loin d'être isolé. Sans remonter au delà de la loi générale du 22 frimaire an 7 sur les droits d'enregistrement, on peut citer comme introduites par des lois postérieures, à différentes époques, les augmentations suivantes :

1º Les rentes sur l'Etat, qui étaient exemptes du droit de mutation, s'y trouvent aujourd'hui assujetties.

2º Le droit sur la mutation par décès de biens meubles en ligne directe a été porté de 0 fr. 25 à 1 % ; il est quadruplé.

3º La transmission à titre gratuit et la mutation par décès de biens meubles entre époux, parents au degré successible et personnes non parentes ont été assimilées, quant à la perception fiscale, à celle des immeubles, et leur tarif doublé.

4º Les transmissions et mutations d'immeubles, à titre gratuit, entre parents au degré successible et personnes non parentes, tarifiées uniformément au droit de 5 % par la loi de l'an 7, sont aujourd'hui au droit de 6,50 entre frères et sœurs, neveux et nièces, oncles et tantes ; 7 fr. entre grands-oncles, grand'tantes, petits-neveux, petites-nièces et cousins germains ;

8 fr. entre parents au-delà du 4e degré jusqu'au 12e, et 9 fr. entre personnes non parentes.

Ces augmentations successives ont été considérées, à leurs diverses époques, comme de simples aggravations de charges que l'accroissement de la richesse acquise permettait aux contribuables de supporter sans plus d'efforts qu'auparavant. La question est identique aujourd'hui, et prétendre assimiler une nouvelle augmentation à une sorte de confiscation, serait offenser la logique, en face du droit imposé sur les transmissions à titre onéreux, et soutenir une thèse sans fondement.

L'augmentation proposée constituerait pour le Trésor une ressource de 46 millions environ, les recettes définitives de l'année 1867 prises pour base d'évaluation.

VI

De toutes les questions d'impôts, celle de l'impôt sur les revenus serait la plus facile à résoudre, si elle y était aidée par les contribuables eux-mêmes, ou si elle n'exigeait, selon la pratique des pays où cet impôt existe (1), des investigations et des confessions auxquelles le contribuable français ne se prêterait pas sans répugnance.

Quoiqu'il en soit, il n'y a pas d'impôt plus juste, plus légitime que l'impôt sur les revenus. Il n'y en a pas de plus conforme au principe constitutionnel proclamé en ces termes par l'Assemblée constituante : « Toutes les contributions et charges publiques, de quelque nature qu'elles soient, seront supportées proportionnellement par tous les citoyens et par tous les propriétaires à raison de leurs biens et facultés (2). »

(1) L'Angleterre, les Etats-Unis, l'Autriche, la Prusse, la Bavière et le Wurtemberg

(2) Décret, 7, 8, 10 octobre et 5 novembre 1789.

Les revenus de la richesse acquise, voilà bien, en effet, les *facultés* qui doivent servir de base à la répartition proportionnelle des charges publiques. Si ce principe n'est pas toujours mis en pratique ; si, dans une foule de nos lois financières, l'impôt est constitué à l'état progressif inverse de la richesse, c'est qu'au lieu de l'asseoir sur un revenu, un capital, une faculté quelconque qui l'eut nécessairement proportionnalisé, on l'a remplacé par des droits fixes, abusifs par leur nombre et par leur taux.

Pour démontrer d'une façon en quelque sorte palpable la nécessité comme la justice de l'impôt sur les revenus, il suffit de placer sous les yeux du lecteur l'hypothèse suivante : Un grand propriétaire foncier et un capitaliste possesseur de rentes sur l'Etat, d'actions et titres de toute provenance, absents ou inactifs durant la guerre dont il s'agit de liquider les désastres, ont à fournir leur part contributive en proportion de leurs facultés ; quelle sera cette part, si l'impôt sur les revenus n'est pas décrété ?

Rien !

Car ils continueront de percevoir sans charge d'impôt, comme auparavant, les revenus de leurs propriétés foncières et de leurs valeurs mobilières.

L'impôt sur les allumettes chimiques et la racine de chicorée, l'augmentation du prix du tabac, du droit sur le café, et autres impôts de consommation déjà votés ou en préparation, n'atteignent pas la richesse ; ils procèdent par capitation. Ce n'est pas la faculté acquise qui les supporte, c'est l'individu, c'est la masse des consommateurs, et il en résulte le plus souvent, comme pour le sel, par exemple, un impôt qu'un savant économiste a qualifié « d'impôt en raison inverse des facultés et du revenu, progressif à rebours, progressif comme la pauvreté du contribuable. »

L'impôt sur les revenus rétablirait, dans la mesure qui lui est propre, l'équilibre et la justice distributive.

Entre les hommes d'Etat, les économistes et les jurisconsultes, il existe, au sujet de l'impôt sur les revenus, des opinions et même des nuances d'opinions contradictoires. Unanimes à reconnaître la justice de cet impôt, les uns objectent qu'il ferait double emploi, quant aux immeubles avec l'impôt foncier, et quant aux revenus mobiliers avec la contribution mobilière ; d'autres, qu'il serait contraire aux immunités accordées dans le passé à la rente sur l'Etat et qui forment une sorte de contrat entre l'Etat et ses créanciers ; d'autres enfin, qu'en s'adressant aux bénéfices du commerce et de l'industrie, il frapperait la richesse à sa naissance et aurait pour résultat d'en entraver le développement.

Toutes ces objections n'ont heureusement d'autre base que des confusions économiques.

En thèse générale, quand il s'agit, comme aujourd'hui, d'établir non pas un impôt sur une matière spéciale, mais un impôt général se superposant à ceux déjà constitués, les objections tirées de l'existence d'impôts antérieurs sont sans fondement. Comment, en effet, si l'impôt nouveau frappe proportionnellement tous les contribuables, certains en seraient-ils exonérés sous prétexte d'impôts antérieurs, fussent-ils similaires ? L'introduction d'un impôt général ne change absolument rien à la condition relative des contribuables entre eux. C'est le devoir de chacun d'accepter sa part du nouveau fardeau et de ne la point rejeter, même en partie, sur son voisin.

La contribution foncière est une charge du propriétaire, mais dans les baux d'immeubles ruraux elle est ordinairement portée au compte du fermier. Lequel des deux supporte, en définitive, cet impôt ? La réponse pourra paraître paradoxale, mais elle ne sera pas moins conforme à l'exactitude des faits.

Nous répondons : ni l'un, ni l'autre.

Pourquoi ?

C'est que l'impôt assis sur une valeur quelconque, mobilière ou immobilière, ne constitue une charge véritable que pour celui qui la possède au moment où l'impôt est décrété par la loi. Lorsque, plus tard, le propriétaire transmet à un autre la chose imposée, une réduction en rapport avec l'importance de l'impôt se produit tacitement et d'elle-même sur le prix de la transmission, et la portion réduite du capital représente, par son revenu, la charge de l'impôt. La même réduction suit les transmissions successives, exonérant toujours le nouveau propriétaire et conservant la charge au compte de celui qui, lors de la création de l'impôt, possédait la chose imposée.

A son tour, le fermier chargé de l'impôt foncier en prend considération dans la fixation du prix du bail, et ce prix subit dans la combinaison commune et tacite des contractants une réduction équivalente à l'impôt. Il s'opère ainsi entre le revenu de la portion de capital tacitement réduite du prix de la transmission, et la réduction également tacite du prix du bail, une sorte de compensation, déchargeant à la fois de l'impôt le propriétaire et le fermier.

Eclaircissons davantage cette solution par une hypothèse et un exemple :

Etant donné un immeuble loué 3,000 francs, avec charge de l'impôt foncier évalué à 300 francs. Au taux de 3 %, il est acheté pour 100,000 francs ; mais, si l'impôt n'existait pas, le bail serait au prix de 3,300 francs et l'achat au prix de 110,000 francs. Quant au fermier, cette éventualité est indifférente pour lui, car à l'impôt dont il se trouve affranchi, se substitue aussitôt une augmentation équivalente de fermage. C'est donc bien au propriétaire que remonte la charge de l'impôt foncier, non pas au propriétaire actuel, qui n'a acheté sous cette charge qu'en réduisant d'autant ses offres, mais au propriétaire contemporain de la loi par laquelle l'impôt est établi.

On doit aux gouvernements qui se sont succédé en France, depuis 1789, cette justice qu'ils se sont efforcés, dans l'intérêt de l'agriculture, de réduire l'impôt foncier quant au principal affecté aux dépenses de l'Etat. Nous disons cette fois dans l'intérêt de l'agriculture, car si une suppression totale de cet impôt ne profiterait guère qu'au propriétaire, une réduction graduée, insensible, restant sans influence sur le prix du fermage, profite exclusivement au cultivateur. En 1790, lors de la constitution régulière de l'impôt foncier, son contingent a été fixé à 240 millions. Par suite de réductions successives, dont la plus importante a été concédée par la loi de finances du 7 août 1850, il était descendu en principal à 211 millions en 1819, à 189 millions en 1839, et à 160 millions en 1851. Son report à 172 millions en 1870 provient de l'annexion de trois nouveaux départements en 1860, et de l'augmentation produite par les constructions nouvelles.

Il est donc démontré qu'à l'inverse d'autres impôts, la contribution foncière, loin d'avoir suivi la marche ascendante du capital et du revenu de la propriété territoriale, est aujourd'hui inférieure de 100 millions à son chiffre d'origine ; mais cette réduction a été un acte de justice, car la terre, qui était autrefois à peu près la seule richesse réelle du pays, ayant été impitoyablement frappée par l'impôt, il était nécessaire de l'en relever à mesure de l'accroissement des impôts indirects. Quoiqu'il en soit, il serait impolitique autant qu'injuste d'aggraver la contribution foncière et avec elle les charges de l'agriculture, car — l'avenir en sera le témoin — c'est encore le sol par ses produits et ses agriculteurs par le travail, la sobriété et l'épargne, qui, dans la crise actuelle, contribueront plus que pour leur part au rétablissement des finances et de la prospérité du pays.

La contribution mobilière, confondue avec la contribution personnelle dans le budget des recettes, où elles figuraient ensemble pour 53 millions 1/2 en 1870, ne peut être considérée comme l'équivalent de l'impôt sur les revenus mobiliers. Introduite à une époque où cette nature de revenus était relativement sans importance, on peut en conclure, néanmoins, qu'elle a été, dans la pensée du législateur de l'époque, un moyen indirect de les faire contribuer aux charges publiques. D'un autre côté, s'il en était ainsi, il y a longtemps que la contribution mobilière aurait cessé, par son importance, d'être en rapport avec son objet. Il y a longtemps qu'elle ne serait plus dans notre système financier qu'un impôt réparti d'après la base la plus fausse, couvrant de monstrueuses injustices.

Pour reconnaître cette vérité, il suffit de confronter entre elles, après en avoir rapproché les éléments de la fortune mobilière des imposés, les cotes de cette contribution dans les villages comme dans les villes. La proportionnalité ne s'y trouve nulle part ; elle y est remplacée par des évaluations aussi étranges qu'arbitraires. En cette matière, la véritable justice distributive consiste à considérer cette branche de revenu public comme bornée dans son assiette au mobilier garnissant les habitations. Tout autre système serait en désaccord avec l'équité, et ne pourrait avoir d'autre conclusion que la suppression de la contribution mobilière et son remplacement par une élévation correspondante de l'impôt sur les revenus.

A l'égard de l'objection relative aux immunités de la rente sur l'Etat, elle provient d'une interprétation erronée de la législation sur la matière. Le décret du 24 août 1793, fondateur du Grand-Livre de la dette publique, avait (art. 111) « assujetti toute la dette inscrite au principal de la contribution foncière qui serait réglée chaque année par le Corps législatif », et disposé (art. 112) que « le paiement de cette contribution serait fait par retenue sur les feuilles de paiement annuel de la dette publique ». La retenue était ordinairement du dixième du produit annuel des inscriptions consolidées ; c'est du moins à ce taux qu'elle a été fixée pour l'an 3, par un décret du 19 ventôse de la même année. Mais en l'an 6, une loi du 9 vendémiaire, après avoir prescrit le remboursement des deux tiers de la rente sur l'Etat, au denier 20, en bons au porteur admis en paiement du prix des biens nationaux, a consolidé le dernier tiers, et l'a « déclaré (art. 93) exempt de toute retenue présente ou future. » Telle est, en substance, la législation sur ce point.

Est-ce à dire qu'il soit permis d'en tirer les conséquences invoquées par les partisans de l'immunité complète ; que le législateur ait entendu affranchir la rente d'autre retenue que celle relative à la contribution foncière ; qu'il ait entendu faire profiter de l'affranchissement non-seulement les inscriptions, aujourd'hui amorties en majeure partie sinon en totalité, du tiers consolidé, dont l'importance n'était alors que de 40 millions de rente environ, mais encore les inscriptions de rente ultérieures ?

Une pareille thèse serait évidemment inadmissible.

Et la preuve, aussi bien pour les anciennes inscriptions de rente que pour les nouvelles, se trouve dans un décret du 4-10 décembre 1790, par lequel l'Assemblée nationale « se référant à ses décrets qui consacrent ses principes invariables sur la foi publique, et à l'intention qu'elle a toujours manifestée de *faire contribuer les créanciers de l'Etat, comme citoyens*, dans l'impôt personnel, *en proportion de toutes leurs facultés*, déclare qu'il n'y a pas lieu à délibérer sur la question qui lui a été présentée tendant à établir une imposition *particulière* sur les rentes dues par l'Etat. »

Ces dernières expressions résolvent la question avec une évidence manifeste, dans le sens proposé ici. Il est constant, en effet, que l'Etat ne pourrait, sans manquer à la foi publique, imposer d'une taxe particulière ou spéciale les rentes sur l'Etat ; mais d'un autre côté, il n'est pas moins certain que l'exonération ne peut comprendre les impôts généraux frappant indistinctement toutes les fortunes selon leur nature, et que proposer sous ce rapport l'immunité pour la rente, c'est faire bon marché de la loi constitutionnelle proclamant l'égalité des citoyens devant les charges publiques et l'offrir en holocauste pour laisser passer une criante injustice.

Enfin, il ne parait pas nécessaire de s'arrêter à la dernière objection tirée de l'inconvénient de frapper d'un impôt la richesse à sa naissance. Cet inconvénient est purement imaginaire. Sous ce rapport, la contribution de la patente va beaucoup plus loin, car elle frappe le patentable non-seulement avant la naissance des bénéfices industriels ou commerciaux, mais encore lorsqu'une perte réelle leur est substituée.

Nous en avons fini avec des objections qu'il n'était pas possible de passer sous silence. Il est temps d'arriver au système lui-même, au système le plus propre à rallier à l'impôt sur les revenus ceux dont la résistance n'a d'autre mobile que leur répugnance pour les moyens d'investigation autorisés dans les pays où cet impôt est admis.

Le système que nous proposons et dont les détails seront consignés dans un projet de loi à la fin de ce travail, se distingue profondément dans ses moyens de ceux employés par les administrations fiscales étrangères.

Dans ce système, l'impôt est général sur les revenus mobiliers et immobiliers.

Les dotations, pensions et traitements payés par l'Etat, les départements et les communes y sont imposés, quand ils s'élèvent à 2,000 francs et au-dessus.

Son *quantum* est fixé chaque année par la loi de finances ; il est assis sur les revenus bruts.

Il n'est exigé du contribuable ni déclaration, ni évaluation, ni affirmation pour les revenus d'origine française. Les revenus d'origine étrangère, possédés par un Français, sont seuls assujettis à la déclaration, que le contribuable est tenu d'en faire au percepteur de son domicile en France.

A l'égard des immeubles, l'impôt sur les revenus comprend deux catégories : celle de la propriété de tous les immeubles et celle de l'exploitation des immeubles non bâtis.

L'impôt sur la première catégorie a pour base le revenu cadastral.

L'impôt sur la seconde a pour base le même revenu réduit de moitié.

En ce qui concerne les rentes sur l'Etat, les bons et obligations du Trésor, les dotations, pensions et traitements, les intérêts d'emprunts ou obligations des villes, communes et établissements publics, les rentes et créances sur particuliers, la base est fixée par la somme de revenu due au titulaire, au porteur, au créancier ou possesseur.

En ce qui touche les dividendes ou produits d'actions dans

les sociétés ou entreprises, la base de perception est déterminée, relativement aux valeurs mises en société, par l'intérêt à 5 %, de la somme versée pour former le fonds social exprimé dans l'acte de société, suivi de publication légale ; et relativement aux bénéfices, par le montant des droits fixes et proportionnels en principal de la patente de la société ou de l'entreprise.

Quant aux offices ministériels, la base de l'impôt est l'intérêt du prix de transmission de l'office et les droits en principal de la patente du titulaire.

L'exploitation industrielle ou commerciale non mise en société, est assujettie à l'impôt pour la moitié des droits de patente en principal, en ce qui concerne le revenu du matériel et du fonds de roulement, et au montant total des mêmes droits en ce qui concerne les bénéfices.

Enfin, les professions non commerciales assujetties à la patente acquittent l'impôt par le paiement d'une somme égale aux droits de patente de l'imposé.

En un mot, le système se résume, pour la détermination des bases de l'impôt, dans le revenu cadastral des immeubles, la somme d'intérêts ou arrérages des rentes, bons, obligations, dotations, pensions et traitements, les intérêts des mises sociales dans les sociétés ou entreprises, les intérêts du prix de transmission des offices ministériels et les droits de patente des imposés. Toutes ces bases, en ce qui touche la somme d'impôt revenant au Trésor, sont d'une constatation facile, faite aux sources officielles, sans que l'appel, l'intervention ni la déclaration de l'imposé soient nécessaires.

Certaines modifications existent, que le projet de loi fait connaître dans leurs détails. C'est ainsi que l'impôt étant établi sur le revenu brut, le débiteur d'une créance chirographaire ou hypothécaire acquittant l'impôt sur la totalité de son revenu, sans en déduire le passif, retient à son profit la somme afférente à l'impôt dans les intérêts dont il se libère. Néanmoins, en matière de créance hypothécaire, il y a réduction de moitié, afin de rapprocher par leur chiffre la somme dont le débiteur exerce la retenue de celle dont les immeubles hypothéqués sont passibles

pour l'impôt envers le Trésor. En outre, dans les prêts hypothécaires et communaux consentis par la société du Crédit
foncier de France, le débiteur n'a droit à aucune retenue sur les
intérêts, en considération de l'exonération des frais de renou-
vellement, qu'il trouve dans l'un et l'autre mode d'emprunt.

Le produit présumé de l'impôt sur les revenus, d'après les
bases proposées, serait, (au taux de 2 %), d'environ 150 millions. Dans ce produit, les trois cinquièmes à peu près incom-
beraient aux revenus de l'industrie et du commerce. La part
ainsi faite aux professions industrielles et commerciales et aux
professions non commerciales assujetties à la patente, peut
paraître relativement élevée (1), mais il ne faut pas perdre de
vue que l'assiette de l'impôt sur les revenus se prête, avec une
merveilleuse facilité, aux redressements reconnus légitimes. En
effet, rien n'empêche de substituer, pour base de l'application
de l'impôt aux immeubles, le double ou le triple du revenu
cadastral au revenu simple (2), qui ne représente guère que le
sixième du revenu réel ; rien ne s'oppose à une diminution
comme à une augmentation du *quantum* annuel de l'impôt ;

---

(1) Voici les divisions et le produit de l'impôt sur le revenu (*income-tax*) en Angleterre (budget de 1866-1867) :

Revenus fonciers.	94,156,500 fr.
Revenus des fermiers	10,684,475
Revenus provenant des fonds publics. . . .	20,027,800
Industrie et commerce.	68,812,350
Revenus provenant des fonctions publiques. .	12,781,825
	206,462,950 fr.

La taxe était de 4 deniers (40 c) par livre sterling (25 fr.) sur la somme de
revenus excédant 2,500 fr. — Depuis, le minimum exempt de l'impôt a été porté à
150 livres sterling (3,772 fr. 50), et il est déduit même sur les revenus supérieurs.

(2) Suivant la statistique de 1862 (officielle), le revenu imposable d'après la matrice
cadastrale s'élevait (chiffres ronds) à un milliard 54 millions, non compris les trois
departements annexés en 1860. En admettant que ce chiffre soit le même aujour-
d'hui, après la perte de l'Alsace et d'une partie de la Lorraine, et que le taux de
l'impôt sur les revenus soit de 2 %, la propriété foncière y contribuerait pour
22 millions, et les bénéfices d'occupation des immeubles non bâtis, pour 8 millions
environ.

rien n'empêche enfin d'abaisser comme d'augmenter les taxes de patente, quand elles doivent servir de base et d'application à l'impôt sur les revenus. En ceci tout est affaire de justice et de mesure, et le choix des combinaisons ne manquera pas, après la première épreuve, pour régulariser l'impôt au point de vue de la proportionnalité et d'une balance égale entre les divers intérêts.

Le système de l'impôt sur les revenus, tel qu'il est préconisé dans ce travail, est exclusif de toute déclaration comme de toute investigation. En dehors des traitements de 2,000 francs et au-dessus payés par l'Etat, les départements, les communes, ou les établissements publics, il n'atteint les salaires à aucun degré. C'est le système français, parce qu'il est en ce moment le seul qui soit conciliable avec les mœurs nationales, avec les susceptibilités et le caractère du contribuable français.

En cela, il diffère essentiellement du système de l'*income-tax*, tel qu'il est pratiqué en Angleterre depuis son rétablissement en 1842, sous le ministère de Robert Peel.

Dans le système anglais, « l'assiette de l'*income-tax* a pour base la déclaration des contribuables ; le contrôle en est confié à des fonctionnaires de l'ordre administratif ; et les taxes sont triplées pour tous les revenus qui n'ont pas été déclarés.

« Des contrôleurs ou asséeurs sont chargés de recevoir les déclarations et d'y suppléer au besoin ; des inspecteurs et vérificateurs contrôlent ou modifient les travaux préparatoires des contrôleurs ; des commissaires statuent sur les différends qui peuvent s'élever entre les divers agents de l'assiette et sur les réclamations des contribuables.

Les pouvoirs des commissaires sont très étendus : ces fonctionnaires peuvent ordonner les évaluations par experts ; exiger la communication des livres de commerce, contrats et autres documents propres à éclairer leur religion ; faire appeler les parties, leurs agents, commis, domestiques, ainsi que toute tierce personne, et les contraindre, sous peine d'amende et sous la foi du serment, à fournir oralement les renseignements qu'ils jugent convenable de leur demander ; et soumettre ensuite à une enquête la véracité de leurs explications (1). »

De telles dispositions législatives seraient, assurément, inexécutables en France.

Mais les deux systèmes se rapprochent dans leur mode de perception :

Le principe adopté par la loi anglaise en cette matière, dit M. de Parieu, (2) consiste à se placer, en quelque sorte, à la naissance même du revenu, et à exiger, à ce moment, du premier possesseur, la somme totale d'impôt que le revenu peut comporter, sauf aux détenteurs qui participent successivement, dans des mesures diverses, à la distribution de la richesse ainsi produite, à retenir chacun sur celui qui lui succéde l'impôt qu'il a avancé pour lui. »

« Ainsi, par exemple, dit M. Millet, (3) s'il s'agit de revenus fonciers, le fisc s'adresse directement au fermier et exige de lui non-seulement sa quote-part d'occupation, mais encore la quote-part d'impôt relative à la propriété. Le fermier, à son tour, retient au propriétaire le montant de l'impôt qu'il a avancé pour lui. Si la propriété est gravée d'hypothèque, de redevance ou de toute autre annuité, le propriétaire retient également à son créancier la part de l'impôt auquel peut-être assujetti l'intérêt qu'il lui paye.

« S'il s'agit de dividendes, d'annuités, d'intérêts, de salaires, de gages, de pensions, la taxe sur les revenus est acquittée par les personnes et administrations chargées du paiement de ces annuités et dividendes, et elle est ensuite déduite de la somme payée à celui qui reçoit l'indemnité, la pension ou le dividende.

(1) L'*Impôt sur le revenu en Angleterre*, par D. Millet; 1871, Sagnier, éditeur, à Paris.

(2) *Histoire des impôts généraux sur la propriété et le revenu.*

(3) *L'impôt snr le revenu en Angleterre* p. 13.

« Les salaires payés par imputation sur d'autres, comme ceux d'un secrétaire ou commis sur le traitement de celui qui l'emploie, sont soumis à une retenue opérée par ces derniers fonctionnaires à l'égard de ceux qu'ils sont chargés de payer.

« Nul créancier ne peut se soustraire à cette retenue sans encourir une amende considérable, et toute stipulation contraire dans les contrats est frappée de nullité. »

Ces dispositions se trouvent, en termes à peu près identiques, dans le système français qui est l'objet de ce travail.

Au surplus, le projet de loi suivant fixera le lecteur sur les points qui ont dû échapper nécessairement à un exposé rapide et simplifié.

PROJET DE LOI RELATIF A L'IMPOT SUR LES REVENUS

ARTICLE PREMIER

Il est établi sur la généralité des revenus mobiliers et immobiliers un impôt dont le taux est déterminé chaque année par la loi de finances.

Cet impôt est assis sur les revenus bruts.

ARTICLE 2.

Sont rangés sous la dénomination de revenus, imposables d'après l'article précédent :

§ 1er. — Les produits représentatifs de la propriété des immeubles exploités par leur possesseur, les fermages, loyers et redevances des immeubles loués.

§ 2. — Les bénéfices d'occupation ou d'exploitation des immeubles non bâtis, que l'occupation ou l'exploitation soit le fait du propriétaire, de l'usufruitier, usager, fermier, métayer ou détenteur. .

§ 3. — Les arrérages des rentes perpétuelles ou viagères sur l'Etat, les intérêts des bons ou obligations du Trésor.

§ 4. — Les dotations des pouvoirs publics, les arrérages des pensions servies par l'Etat, les traitements et remises payés par le Trésor public, les départements, les villes, communes et établissements publics, d'une somme annuelle de 2,000 francs et au-dessus. Dans ce cas l'impôt est dû sur la totalité.

§ 5. — Les intérêts d'emprunts ou obligations des villes, communes ou établissements publics, leurs accroissements par lots, primes de remboursement ou autrement.

§ 6. — Les dividendes ou produits d'actions, parts ou attributions dans toutes sociétés et entreprises civiles ou commerciales, constituées par acte public ou privé suivi de la publication légale.

Sont compris dans le présent paragraphe la Banque de France, la Société du Crédit foncier, et tout autre établissement dont le gouverneur ou le directeur est à la nomination du pouvoir exécutif.

§ 7. — Les intérêts d'emprunts ou obligations par voie de souscription publique des mêmes sociétés et entreprises, leurs accroissements par lots, primes de remboursement ou autrement.

§ 8. — Les revenus et produits des offices publics ou ministériels.

§ 9. — Les revenus et bénéfices de toute exploitation industrielle ou commerciale, collective ou particulière, autre que les sociétés spécifiées sous le § 6.

§ 10. — Les revenus et bénéfices de toute profession non commerciale assujettie à la patente.

§ 11. — Les arrérages des rentes perpétuelles ou viagères sur les villes, communes ou établissements publics et sur les particuliers.

§ 12. — Les intérêts dont est productive d'après la loi, les contrats ou la convention, toute créance hypothécaire ou chirographaire non classée sous les paragraphes précédents.

Cette disposition n'est pas applicable en matière d'intérêts de comptes courants entre maisons de banque, ou entre celles-ci et les particuliers.

§ 13. — Les revenus, produits et bénéfices de la nature de ceux classés sous les § 1, 2, 3, 4, 5, 6, 7, 9, 10, 11 et 12, possédés à l'étranger par un français.

ARTICLE 3.

Il n'est exigé du contribuable, pour les revenus d'origine française, aucune déclaration, évaluation ou affirmation.

La base de perception de l'impôt sur les revenus ou produits de cette origine est déterminée comme il suit :

§ 1. — Pour les immeubles, par le revenu cadastral servant de base à la contribution foncière en principal.

§ 2. — Pour l'occupation ou l'exploitation des immeubles non bâtis, par le même revenu cadastral, réduit de moitié.

§ 3. — Pour les rentes sur l'Etat, les bons et obligations du Trésor public, les dotations, pensions, traitements et remises, les intérêts d'emprunts ou obligations, et leur accroissement, les rentes sur les villes, communes, établissements publics ou sur les particuliers, et les intérêts des créances spécifiés sous les §§ 3, 4, 5, 7, 11 et 12 de l'article précédent, par la somme de revenu due au titulaire, au porteur, au créancier ou possesseur.

§ 4. — Pour les dividendes ou produits d'actions, parts ou attributions dans les sociétés ou entreprises spécifiées sous le § 6 du même article :

En premier lieu, relativement aux valeurs mises en société, par l'intérêt, calculé au taux de 5 %, de la somme versée ou des valeurs désignées pour former le fonds social mobilier exprimé dans l'acte. Si les valeurs mobilières ne sont pas évaluées dans l'acte, l'évaluation en est faite par les agents de l'administration des finances, sauf réclamation, s'il y a lieu, devant le Préfet, en Conseil de préfecture.

En second lieu, relativement aux bénéfices, par le montant total des droits fixes et proportionnels en principal de la patente de la société ou de l'entreprise.

§ 5. — Pour les offices publics ou ministériels classés sous le § 8 du même article :

En premier lieu, par l'intérêt calculé au taux de 5 %, du prix de transmission de l'office.

En second lieu, relativement aux bénéfices, par le montant des droits en principal de la patente du titulaire.

§ 6. — Pour toute exploitation industrielle ou commerciale spécifiée sous le § 9 :

Relativement au matériel et au fonds de roulement, par la moitié des droits en principal de la patente du contribuable.

Et relativement aux bénéfices, par le montant total des mêmes droits de patente en principal.

Dans tous les cas où il est déterminé par la double base d'un revenu et des droits de patente, l'impôt est dû cumulativement.

§ 7. — Pour toute profession non commerciale assujettie à la patente et spécifiée sous le § 10 de l'article précédent, par le montant des droits en principal de la patente du contribuable.

A l'égard des revenus, produits et bénéfices possédés à l'étranger par un Français, classés sous le § 13 du même article, la perception est faite d'après la déclaration que le contribuable est tenu de fournir au percepteur de son domicile en France, dans le courant du troisième trimestre de l'année précédant l'exercice financier.

Le défaut de déclaration, ou toute omission, est passible d'une amende décuple de l'impôt établi par la présente loi sur les revenus non déclarés ou omis.

L'impôt sur les revenus, quand il prend naissance dans le cours d'un exercice, n'est exigible que pour le temps restant à courir de l'année auquel il se rapporte.

L'impôt sur les revenus fonciers est sujet au dégrèvement dans les cas et selon la forme prévus par la loi pour la contribution foncière.

ARTICLE 4.

L'impôt sur les revenus est à la charge de celui qui les perçoit, et l'impôt sur les bénéfices à la charge de celui auquel ils profitent.

Spécialement :

L'impôt sur les produits, fermages, loyers, redevances des immeubles est à la charge du propriétaire ou de l'usufruitier inscrit sur les rôles de la contribution foncière.

L'impôt sur les bénéfices d'occupation ou d'exploitation des immeubles non bâtis est à la charge de l'occupant ou de l'exploitant.

Le propriétaire, l'usufruitier ou l'usager qui occupe un immeuble est tenu, à la fois, de l'impôt représentatif de la propriété et de l'impôt sur les bénéfices d'exploitation.

Le propriétaire, l'usufruitier ou l'usager, l'occupant ou l'exploitant sont solidaires envers le Trésor pour l'un et l'autre impôt.

Est à la charge du titulaire, du fonctionnaire ou du créancier, l'impôt sur les arrérages des rentes sur l'Etat, sur les intérêts des bons et obligations du Trésor, les dotations, pensions, traitements et remises payés par l'Etat, les intérêts des emprunts ou obligations des villes, communes et établissements publics et des sociétés ou entreprises, les arrérages de rentes sur les mêmes et sur les particuliers, et les intérêts des créances.

L'impôt sur le revenu des immeubles non bâtis, et les intérêts du prix de transmission des offices publics ou ministeriels, est porté, par articles séparés, au rôle de la contribution foncière et mobilière, et, comme cette contribution, il est exigible par douzième.

L'impôt sur les arrérages des rentes sur l'Etat, les intérêts des bons ou obligations du Trésor, les dotations, pensions, traitements et remises acquittés par le Trésor public, est perçu par voie de retenue.

L'impôt sur les revenus fixé en raison des droits de patente du contribuable est porté, par article séparé, au rôle de la contribution des patentes, et il est, comme cette contribution, exigible par douzième.

L'impôt perçu au profit du Trésor public sur tous autres revenus est exigible moitié le premier avril, et moitié le premier octobre. Les départements, villes, communes, établissements publics et les sociétés ou entreprises en font l'avance collective au Trésor, sauf retenue.

Il est dérogé à toute disposition contraire au principe inscrit sous le premier alinéa du présent article, qui aurait été insérée dans les contrats antérieurs à la présente loi.

En outre, toute convention postérieure tendant à déroger au même principe entre le propriétaire et l'occupant ou l'exploitant, le créancier ou le débiteur, est illicite et nulle de droit.

· ARTICLE 5.

L'impôt sur les revenus spécifiés sous les dix premiers paragraphes de l'article 2, et sous le § 13 du même article, est perçu directement au profit du Trésor public par les agents de l'administration des finances.

L'impôt sur les arrérages des rentes et les intérêts des créances qui font l'objet des §§ 11 et 12 de l'article 2 est retenu du créancier, et conservé par le débiteur, sans compte ni bonification envers le Trésor, par compensation avec l'impôt supporté par le débiteur sur l'ensemble de ses revenus bruts.

Néanmoins, cette retenue n'est pas applicable au cas où il s'agit de créances résultant des prêts hypothécaires ou communaux effectués par la société du Crédit foncier de France, l'impôt sur le revenu des obligations émises par cette société, en représentation de ses prêts, étant perçu au profit du Trésor, d'après la disposition du premier alinéa du présent article.

En outre, dans le cas où il s'agit d'une créance ayant pour garantie un privilége sur immeuble, dérivant d'un contrat, ou une hypothèque conventionnelle, la retenue de l'impôt sur le revenu au profit du débiteur de la créance est réduite de moitié.

ARTICLE 6.

Il sera pourvu par un décret, rendu dans la forme des règlements d'administration publique, aux moyens accessoires destinés à faciliter l'exécution de la présente loi, en vue de l'intérêt commun des contribuables et du Trésor.

ARTICLE 7.

Le taux de l'impôt sur les revenus est fixé, pour l'exercice 1873, à 2 % des revenus qui lui servent de base d'après l'article 3, sauf la modification résultant du dernier alinéa de l'article 5, et à une somme égale soit à la moitié, soit à la totalité des droits fixes et proportionnels en principal de la patente, selon les cas prévus aux §§ 4, 5, 6 et 7 de l'article 2.

VII

Lorsque l'équilibre des budgets et le service de l'amortissement auront été assurés, les charges des contribuables seront lourdes, — il serait puéril de ne pas le reconnaître — mais loin encore du niveau des forces du pays. La France, prête à tous les sacrifices pour la délivrance de son territoire, les acceptera sans murmure. A aucune époque, nous le croyons, les différentes couches sociales n'ont été plus profondément pénétrées qu'aujourd'hui de l'esprit de sacrifice. A côté de rares défaillances qu'il faut abandonner à leur remords, que d'épisodes touchants se sont produits, dans une souscription récente, qui seraient dignes d'être racontés, parce qu'ils témoignent, dans les rangs les moins favorisés par la fortune, d'un patriotisme aussi ardent que désintéressé ! Pour ceux qui en ont été les témoins intimes, une nation qui possède dans sa population de tels éléments, peut n'avoir souci ni de ses détracteurs, ni des pessimistes chagrins qui, chaque jour, ont la prétention ridicule de prophétiser sa ruine.

Réunis, l'augmentation du droit fiscal sur les mutations à titre gratuit, en ligne collatérale ou entre personnes non parentes, et l'impôt sur les revenus produiront un accroissement de recette de plus de 200 millions. Ajoutée aux impôts déjà votés, cette ressource nouvelle facilitera l'équilibre budgétaire et couvrira l'amortissement de l'emprunt des trois milliards qu'il est nécessaire de réaliser.

Il en restera, pour compenser les réductions que la pratique réclame déjà, et que la justice exigera bientôt, sur certaines taxes, certains impôts inaugurés ou augmentés par des lois financières récentes, lois votées sans études préparatoires suffisantes et avec une précipitation regrettable, dont l'excuse est dans la bonne foi des législateurs et dans une impérieuse nécessité.

Remarquons, toutefois, que ce défaut eût été évité, si l'Assemblée nationale avait apporté une part plus grande de son temps aux intérêts généraux qui sont partout en souffrance ; si elle avait écarté les discussions irritantes, sans issue, dont l'intérêt du pays exige au moins l'ajournement ; en un mot, si, pour ses travaux, elle s'était inspirée des traditions de la première Assemblée constituante. Durant sa courte, mais laborieuse carrière, les séances de la Constituante, ouvertes dès huit heures du matin, se prolongeaient souvent fort avant dans la nuit — témoin la célèbre nuit du 4 août (1). C'est ainsi qu'elle a pu fonder un monument législatif résumant en lui-même la sagesse, la précision et la clarté, chef-d'œuvre de l'esprit humain, sur lequel se fonde aujourd'hui la reconnaissance de la postérité.

De nombreuses et urgentes réformes sont à opérer dans toutes les branches de l'administration publique. Les écrits des écono-

(1) V. *Notice sur l'Assemblée constituante*, par M. Odilon-Barrot, écrite en tête du *Bulletin annoté des lois*. (Collection Lepec).

mistes, la presse et la tribune les ont signalées. C'est un devoir
pour le gouvernement de les aborder au premier budget, résolû-
ment et sans faiblesse. L'économie qui en doit résulter se chiffre
d'avance par dizaines de millions. Elle permettra, soit d'alléger
les impôts, soit plutôt de réduire la dette en augmentant les
ressources de l'amortissement. Sur ce sujet, et au point de vue
des administrations financières, il y a beaucoup à puiser dans
un travail récemment publié sous ce titre : *Les Idées d'un
petit Employé de l'Etat, en matière d'impôts et de
finances* (1). Les aperçus de ce livre, dont nous regrettons de
ne pouvoir nommer le courageux auteur, révèlent une longue
et intelligente pratique, une expérience consommée, des convictions fortes basées sur la justice et la raison, « deux choses,
dit l'auteur, trop souvent exclues de notre organisation adminis-
trative. » En ces matières, c'est à de tels travaux, c'est aux
hommes consciencieux qui les produisent qu'il convient de
s'adresser, si l'on veut une œuvre qui résiste à la pratique et
surtout aux attaques intéressées de la routine.

En traitant de l'impôt sur le revenu, dont il place la base
dans la déclaration du contribuable, le même auteur, amené à
comparer cet impôt avec l'impôt sur les objets de consommation,
fait la remarque suivante : « Ainsi, deux contribuables, dont
l'un ayant un revenu de 10,000 fr. qu'il dépensera en totalité,
et l'autre un revenu de 20,000 fr. dont il ne dépensera que
moitié, payeront un impôt de consommation exactement de la
même somme ; et cependant, ce dernier jouira d'un revenu
double, dont moitié ne produira rien au Trésor. Et si l'on
ajoute que ceux qui n'ont qu'un faible revenu sont obligés
de le dépenser en totalité pour vivre, que ceux qui ont un
revenu supérieur n'en dépensent qu'une partie, et que, plus le
revenu est élevé, moins les dépenses sont fortes, toute proportion
gardée, on reconnaîtra facilement que par les taxes de

(1) Chez Guillaumin et Cⁱᵉ, éditeurs, rue de Richelieu, 14, à Paris.

consommation, les petits rentiers sont plus lourdement frappés que les gros.

« L'impôt sur le revenu, au contraire, fait disparaître cette inégalité en atteignant uniformément et d'un seul coup toute la richesse mobilière, quelqu'en soit le chiffre. En résumé, à ce point de vue, il parait bien difficile d'admettre qu'à l'avenir il ne prendra pas racine dans notre système financier, d'autant plus qu'à notre appréciation le meilleur système d'impôts est celui qui, avec le moins de taxes possibles, tient compte de tous les éléments d'imposition (1). »

Les réformes administratives sont la préface nécessaire des économies à opérer dans les services généraux des ministères. L'évaluation de ces économies à 130 millions ne paraît pas exagérée, si l'on rapproche les dépenses des services généraux pour 1851-1870. L'excédant de ce dernier exercice sur le premier s'élève à 263 millions. Un député de l'Yonne, l'honorable M. Raudot, a essayé, dans la discussion du budget de 1872, de conserver au Trésor une partie de cette riche proie, qui a sa source dans les profusions du régime impérial, mais, par une entente commune, le débat sur ce sujet a été ajourné au budget pour 1873. L'honorable député était dans le vrai et le vif des faits. L'opinion publique lui a tenu compte de ses efforts. Espérons qu'il reparaîtra courageusement sur la brèche, en temps opportun, et qu'il y fera triompher ses excellentes raisons en faveur de l'intérêt du Trésor, qui est aussi celui des contribuables.

Si les réformes administratives sont les plus impérieuses aujourd'hui, en présence des besoins financiers du pays, elles ne sont pas toutefois les seules que réclame l'intérêt général. Parmi les autres réformes, celles qui confinent à la politique viendront à leur tour, alors qu'elles pourront être mises en

---

(1) *Les Idées d'un petit Employé de l'Etat, en matière d'impôts et de finances*, p. 16.

corrélation avec la constitution définitive du gouvernement. Il sera temps lorsque, sous l'habile et impartiale direction de l'homme illustre placé à la tête du pouvoir exécutif, le paiement de la rançon de guerre et la délivrance du territoire seront assurés et la France parvenue au port du salut.

L'attente sera courte, si l'on en doit juger d'après les symptômes qui surgissent de toutes parts. Depuis une année, de grands résultats ont été obtenus. Le pays est pacifié, son crédit est rétabli, les affaires ont repris leur cours, grâce à la puissance des institutions républicaines, seules assez fortes pour assumer le poids d'une liquidation désastreuse au milieu des attaques passionnées, violentes des partis rivaux. Le sentiment public qui, depuis 1789, n'a jamais cessé d'être démocratique, s'identifie aujourd'hui avec ces institutions. La France — c'est notre conviction — n'en veut plus d'autres, et pour qu'elles soient définitivement fondées, il suffit aux amis de la République d'ouvrir largement leurs rangs aux concours sincères et désintéressés, en conservant l'esprit de conduite qui les a si bien servis jusqu'ici, et dont le mobile est dans ces simples expressions : Patience, modération, sagesse, esprit de justice.

COMPIÈGNE. — IMPRIMERIE FERDINAND VALLIEZ, RUE DES PETITES-ÉCURIES, 18.